# Je m'appelle

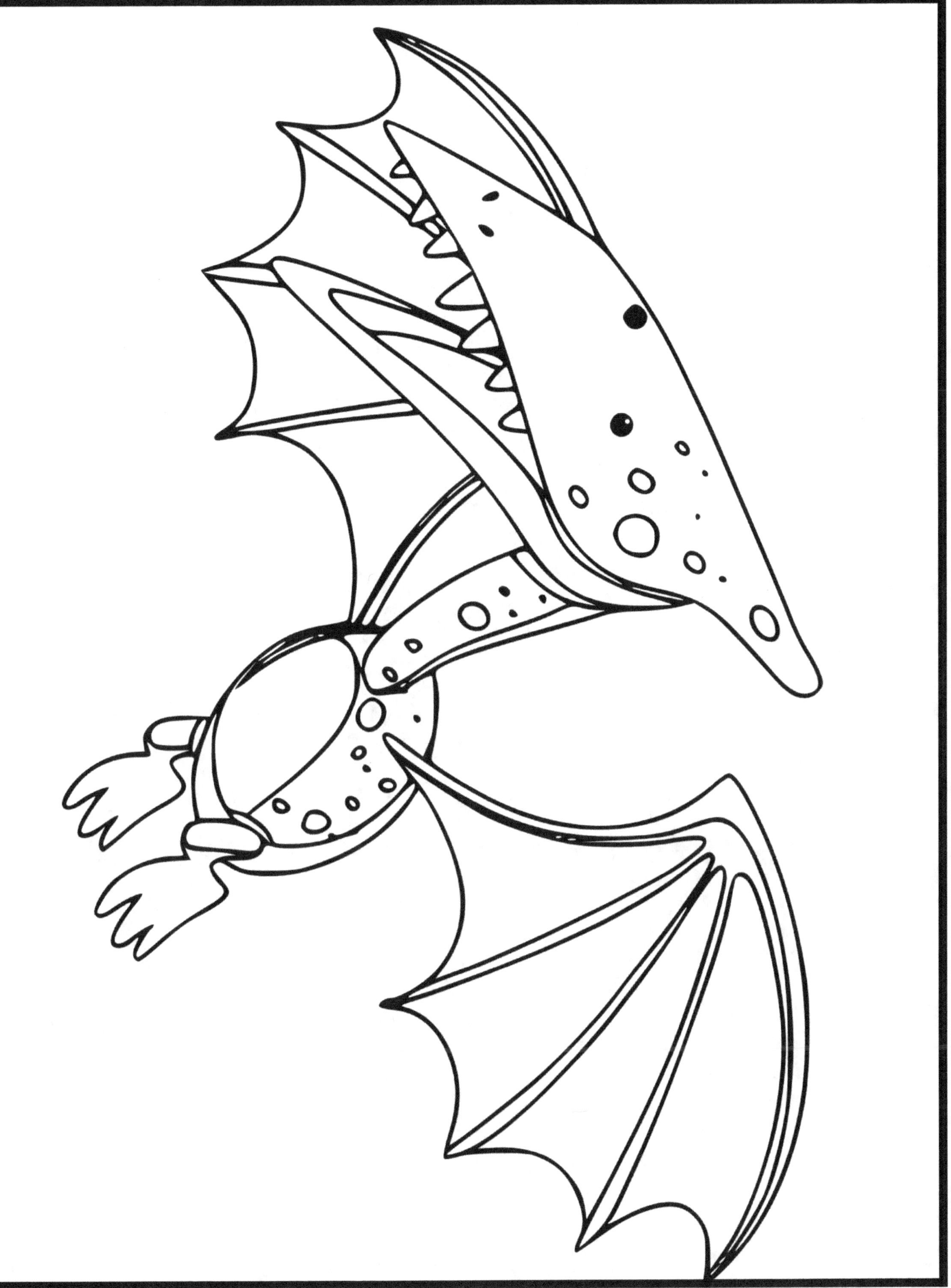

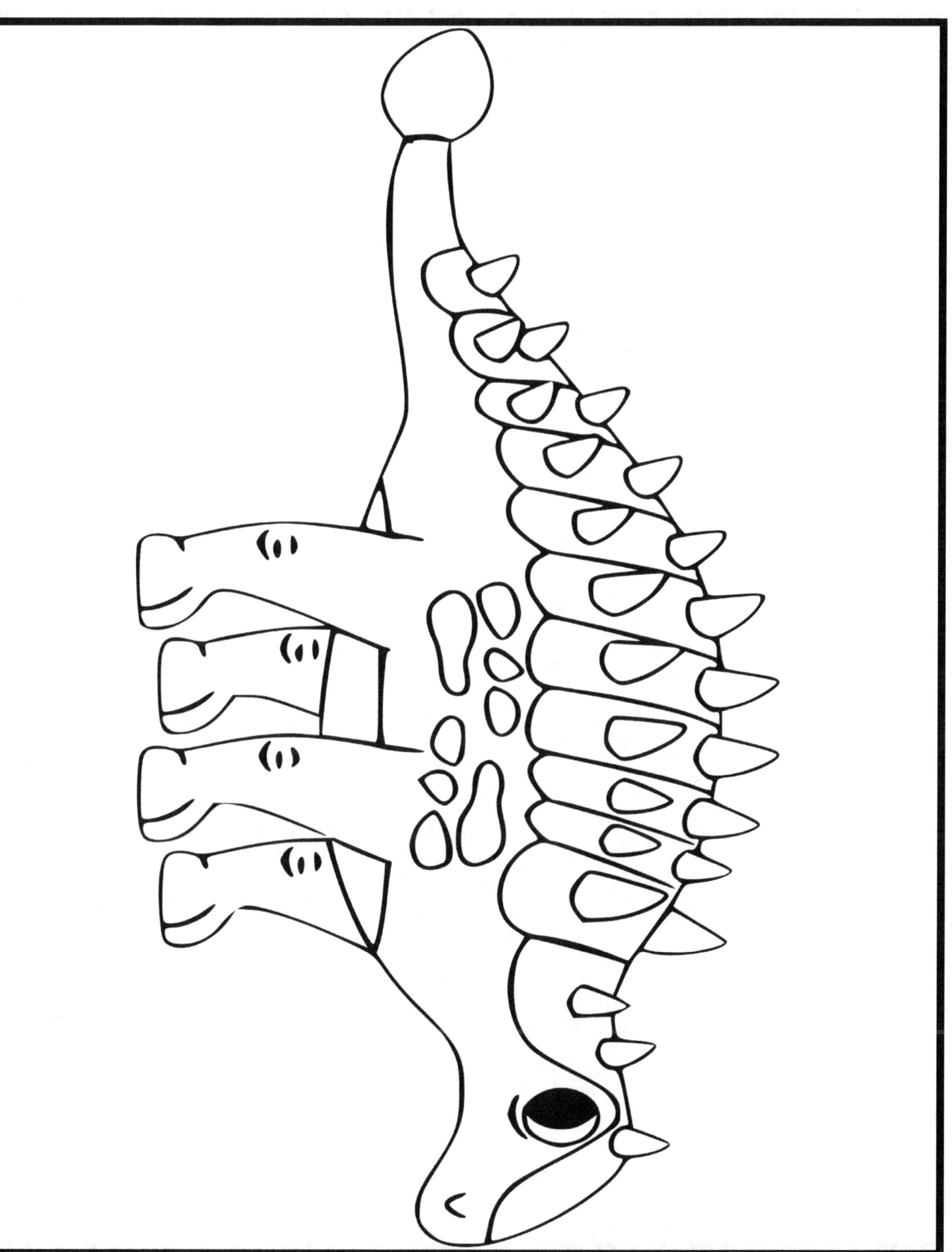

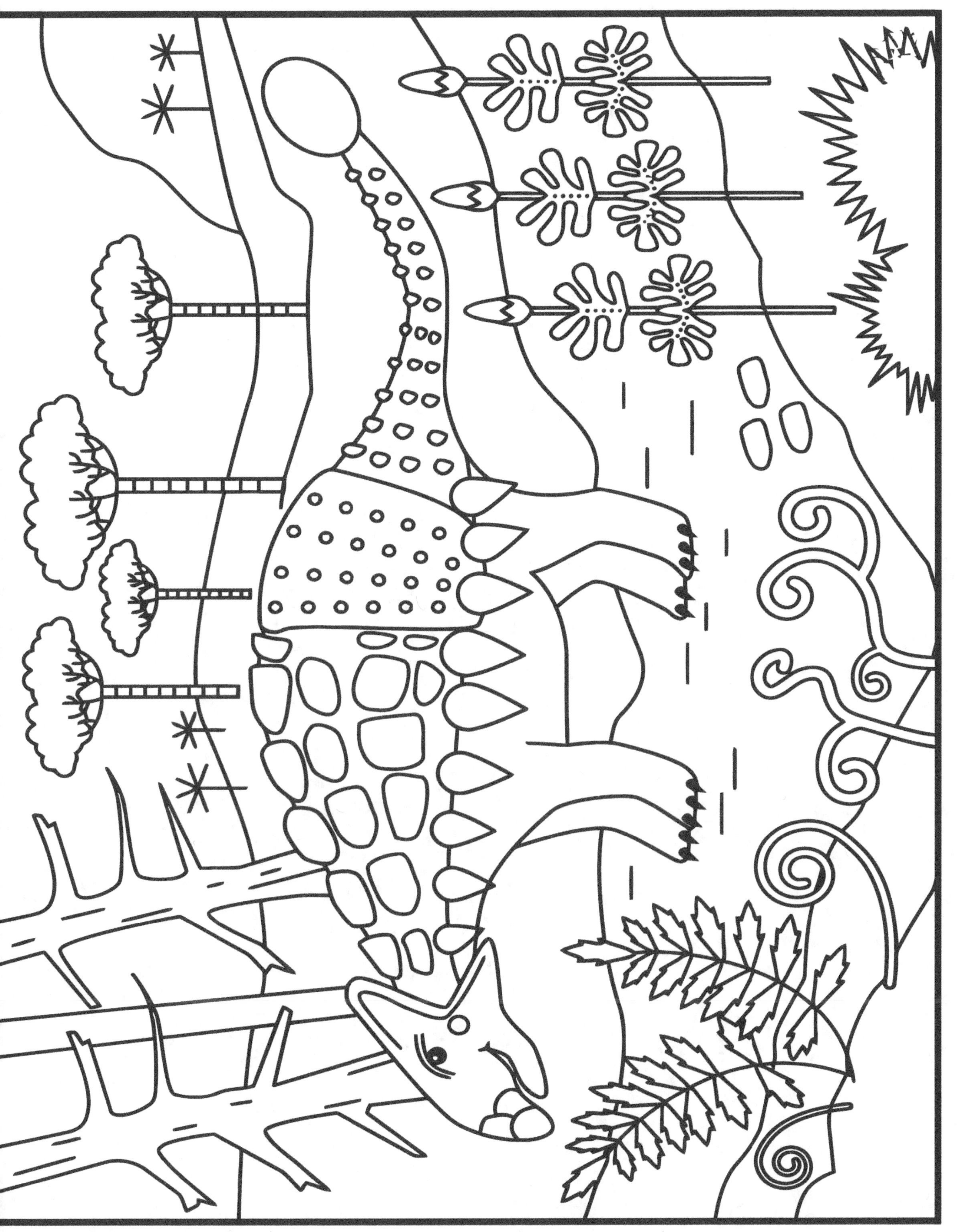

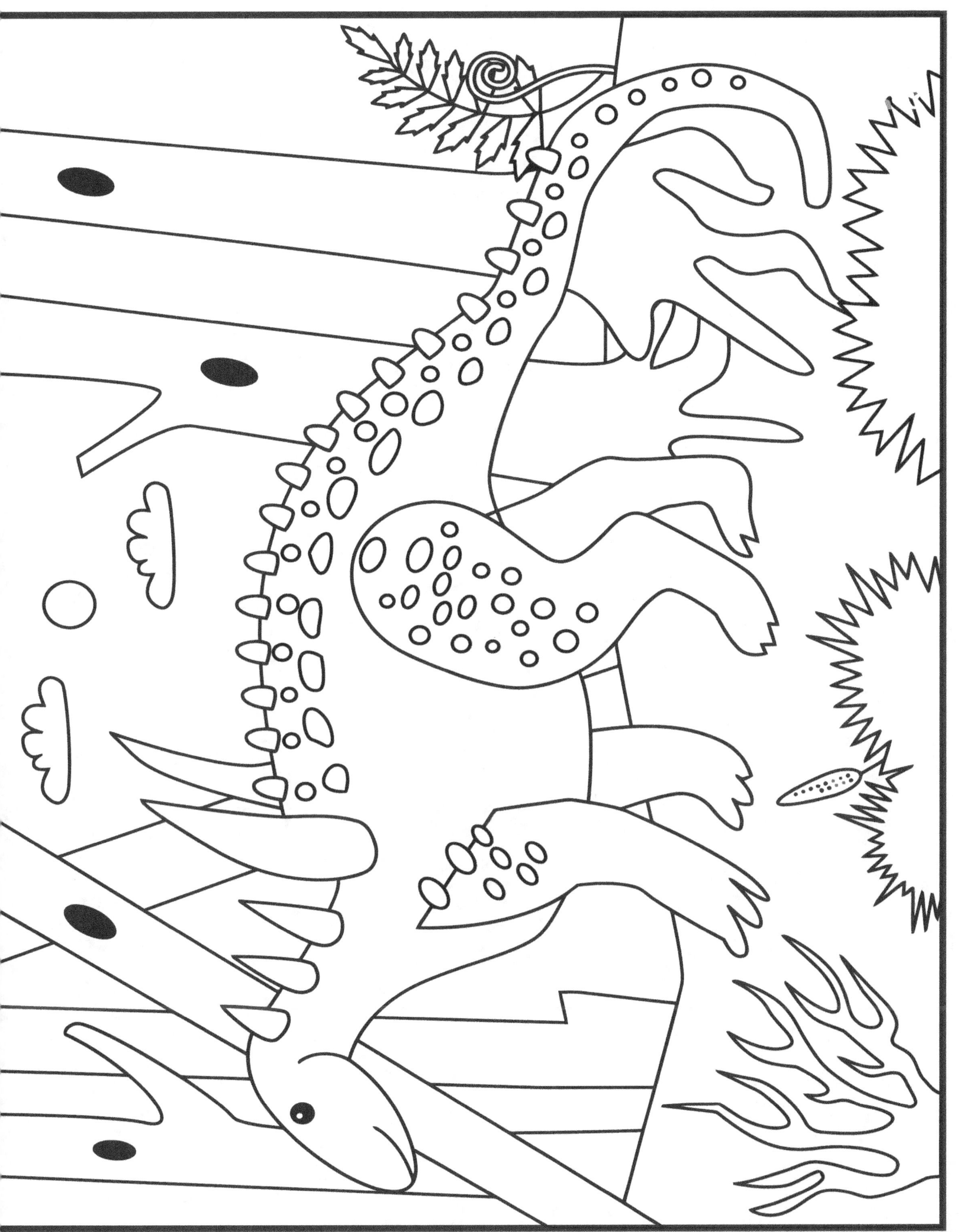

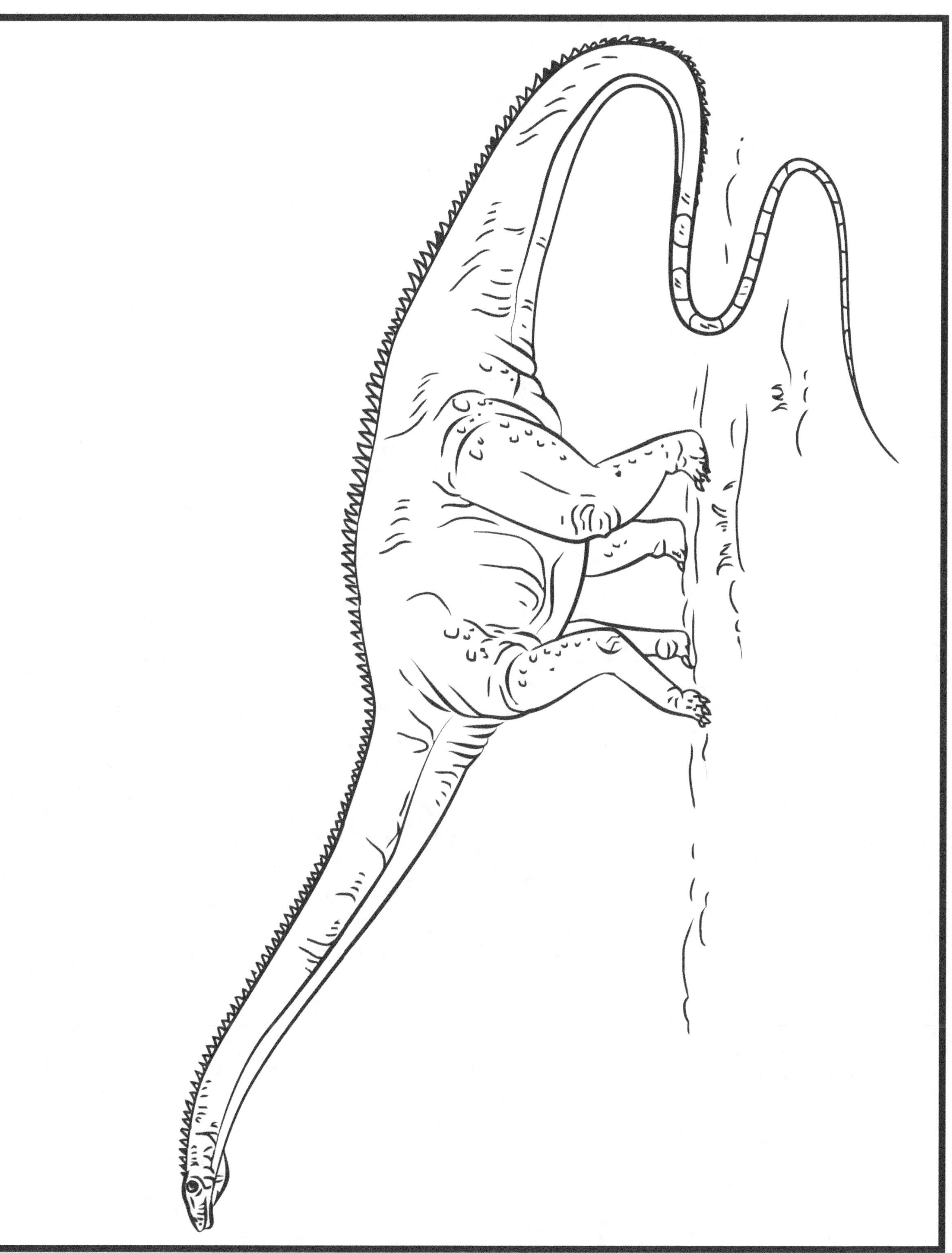

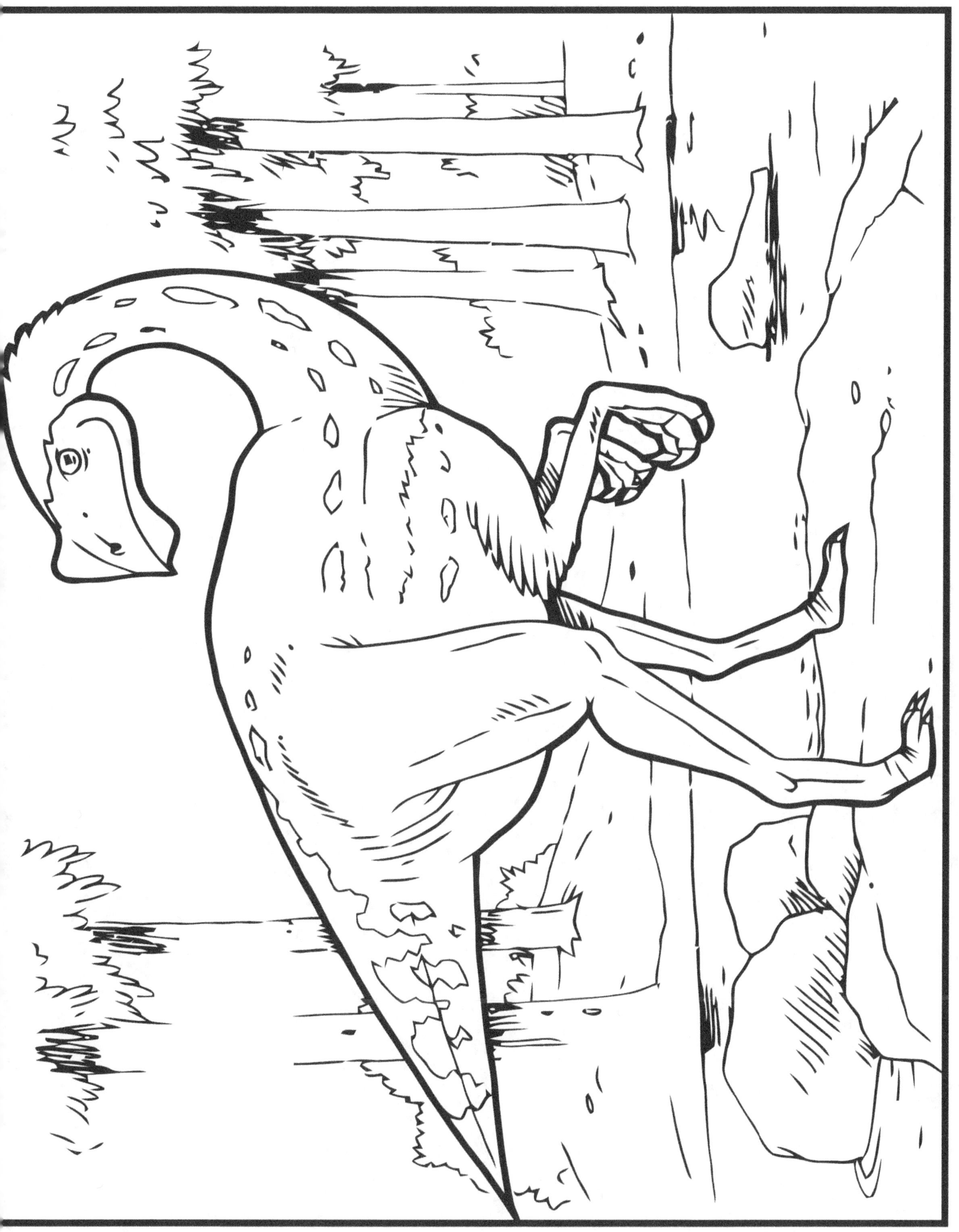